Filosofia da linguagem

Coleção **PASSO-A-PASSO**

CIÊNCIAS SOCIAIS PASSO-A-PASSO
Direção: Celso Castro

FILOSOFIA PASSO-A-PASSO
Direção: Denis L. Rosenfield

PSICANÁLISE PASSO-A-PASSO
Direção: Marco Antonio Coutinho Jorge

Ver lista de títulos no final do volume

Claudio Costa

Filosofia da linguagem

ZAHAR

Capa
Sérgio Campante

CIP-Brasil. Catalogação na fonte
Sindicato Nacional dos Editores de Livros, RJ

Costa, Claudio Ferreira
C871f Filosofia da linguagem / Claudio Costa. — 1ª ed. — Rio de Janeiro: Zahar, 2002.

(Passo-a-passo; 5)

ISBN 978-85-7110-636-9

1. Linguagem — Filosofia. 2. Lingüística. I. Título. II. Série.

CDD: 149.94
03-1571 CDU: 800.1

EDITORA SCHWARCZ S.A.
Praça Floriano, 19, sala 3001 — Cinelândia
20031-050 — Rio de Janeiro — RJ
Telefone: (21) 3993-7510
www.companhiadasletras.com.br
www.blogdacompanhia.com.br
facebook.com/editorazahar
instagram.com/editorazahar
twitter.com/editorazahar

FSC
www.fsc.org
MISTO
Apoiando o manejo florestal responsável
FSC® C128038

A marca FSC® é a garantia de que a madeira utilizada na fabricação do papel deste livro provém de florestas que foram gerenciadas de maneira ambientalmente correta, socialmente justa e economicamente viável, além de outras fontes de origem controlada.

Esta obra foi composta por TopTextos Edições Gráficas em Minion e Frutiger e impressa em processo sob demanda pela Um Livro sobre papel offset para a Editora Schwarcz a partir de 2024

Sumário

Introdução

A filosofia da linguagem conheceu o seu apogeu na primeira metade do século XX, quando grandes filósofos, como Gottlob Frege, Bertrand Russell e Ludwig Wittgenstein, desenvolveram reflexões filosóficas importantes relacionadas à linguagem.

A expressão "filosofia da linguagem" possui duas acepções principais, uma mais estrita e outra mais ampla. Em sua acepção mais estrita, ela é o resultado de uma investigação filosófica acerca da natureza e do funcionamento da linguagem, sendo por vezes chamada de "análise da linguagem". Quando um filósofo investiga questões como a da natureza e função da linguagem, está fazendo filosofia da linguagem nesse sentido estrito da expressão. O mesmo se dá quando ele investiga questões intrinsecamente relacionadas à linguagem, como a questão da natureza do significado de nossas expressões lingüísticas, de como somos capazes de nos referir às coisas por meio da linguagem, da natureza da verdade de nossas proposições, de como podemos, através de proferimentos lingüísticos, nos comunicar uns com os outros.

Na segunda e mais ampla acepção, a filosofia da linguagem diz respeito a qualquer abordagem crítica de problemas filosóficos metodologicamente orientada por uma investigação da linguagem, razão pela qual ela é por vezes chamada de "crítica da linguagem". Uma considerável parte da filosofia do século XX caracterizou-se duplamente, como uma investigação filosófica acerca da linguagem e também por uma abordagem crítico-lingüística de problemas filosóficos em geral.

Tanto no sentido estrito quanto no sentido mais amplo, há historicamente duas espécies de filosofia da linguagem: a filosofia da linguagem ideal e a filosofia da linguagem ordinária. A filosofia da linguagem ideal é influenciada pela lógica simbólica desenvolvida a partir de Frege, principalmente pelo cálculo dos predicados. O objetivo é revelar, por trás das sentenças de nossa linguagem natural, sua verdadeira estrutura lógica, por vezes muito diversa da estrutura aparente e, com a estrutura lógica, aquilo que é verdadeiramente pensado.

Um exemplo de crítica da linguagem com base em uma análise da estrutura lógica da linguagem foi a crítica que filósofos como Bertrand Russell e Gilbert Ryle fizeram ao realismo de objetos abstratos sustentado por filósofos como Platão. Para o realismo platônico, uma proposição como "O bem é desejável" — na qual o predicado "...é bom" é modificado e colocado na posição de sujeito — parece ser tal que "o bem", não podendo nomear uma coisa concreta, nomeia a idéia do bem, a qual só pode ser um objeto abstrato que não está nem no espaço nem no tempo, mas que é real, existindo no mundo das idéias. Um pouco de lógica mostra, porém, que a proposição "O bem é desejável" quer dizer apenas "Tudo o que é bom é desejável" ou "Para todo *x*, se *x* é bom, *x* é desejável", o que parece evidenciar que em nenhum momento nos referimos realmente ao objeto abstrato "o bem", mas tão-somente ao que é bom, ou, se quisermos, às coisas concretas que possuem as propriedades de serem boas.

A filosofia da linguagem ordinária, por sua vez, toma como modelo a linguagem do cotidiano, tentando investigar a sua estrutura funcional. Um exemplo muito simples, para ilustrar essa abordagem, diz respeito aos sentidos do verbo "ser", essa palavrinha que desde Parmênides sempre foi tão requisitada pela filosofia. O filósofo da linguagem ordinária descobre na linguagem do cotidiano dois sentidos principais para essa palavra. O primeiro é o sentido predicativo, que ocorre em proposições como "Sócrates é calvo", onde o "é" serve para introduzir o predicado. O outro sentido é o de identidade, que ocorre na proposição "O Everest é o Chomolungma"; nesse caso o "é" significa "é o mesmo que", podendo ser substituído por um sinal de igualdade.

Essa distinção não seria relevante se em épocas passadas filósofos não tivessem confundido os dois sentidos. Assim, um filósofo da Antiguidade chamado Estilpão afirmou que não podemos predicar nada além da identidade de uma coisa consigo mesma, como na sentença "Sócrates é Sócrates"; e a razão disso é que sempre que tentamos predicar o que não é idêntico ao sujeito, como quando dizemos "O homem é bom", dizemos que uma coisa não é ela mesma, o que é absurdo... Ora, um tal paradoxo só pode surgir quando se assimila equivocamente o sentido predicativo de "é" ao seu sentido de identidade, supondo que o único sentido legítimo da palavra seja este último.

Esses dois exemplos também nos mostram que há uma ligação entre a análise da linguagem, de um lado, e a sua aplicação em uma crítica da linguagem, de outro. De fato, ambas são como que faces opostas de uma mesma moeda; a análise da linguagem, seja em filosofia da linguagem ideal ou ordinária, geralmente produz bases teóricas para uma crítica da linguagem.

Não vale a pena nos alongarmos muito nessas explicações introdutórias. Melhor é considerarmos o que os próprios filósofos da linguagem disseram, o que tornará os presentes esclarecimentos mais compreensíveis. O texto que se segue é uma introdução à filosofia da linguagem com ênfase no sentido estrito da expressão, o que será feito por intermédio de uma exposição concisa e tão clara quanto possível das contribuições dos principais filósofos da linguagem: Frege, Russell e Wittgenstein. À breve exposição dessas contribuições adicionei também uma exposição das idéias de Austin, por sua importância seminal no desenvolvimento de teorias das ações comunicativas, terminando com uma breve exposição da pragmática universal de Jürgen Habermas, aqui escolhida por sua abrangência e importância filosófica.

Frege e a teoria do sentido

É possível dizer que a filosofia da linguagem teve seu grande impulso no início do século XX, por força da obra do lógico e filósofo alemão Gottlob Frege (1848-1925). Frege foi o criador da moderna lógica matemática, a primeira pessoa a investigar formalmente os fundamentos da aritmética e a tentar reduzi-la à lógica, e ainda, pelos seus escritos sobre a natureza do significado das expressões, o iniciador das discussões contemporâneas em filosofia da linguagem ideal. Embora Frege quase não tenha sido notado por seus contemporâneos, foi lido por filósofos como Russell e Wittgenstein, tendo influenciado fortemente os desenvolvimentos posteriores da filosofia da linguagem.

A principal contribuição de Frege à filosofia da linguagem consistiu na criação de uma teoria esclarecedora da natureza do significado. *Significado* foi o conceito ao qual os filósofos da linguagem deram maior atenção (assim como filósofos de outras convicções deram uma atenção toda especial à palavrinha "ser", os filósofos da linguagem também tinham as suas fixações, preferindo geralmente a palavra "significado").

No que se segue quero expor as idéias principais da teoria fregeana do sentido, tal como ele a apresentou no artigo clássico intitulado "Sobre o sentido e a referência".

A teoria do significado desenvolvida por Frege se baseia na distinção por ele introduzida entre o significado — para o qual ele usava a palavra "sentido" (em alemão *Sinn*) — e a referência ou significação (*Bedeutung*) das expressões.

Essa distinção tem como ponto de partida uma dificuldade encontrada por Frege na interpretação da natureza de certas frases de identidade, frases do tipo "a = b"; exemplos de frases desse tipo são as da matemática, como "7 + 9 = 16" e "A soma dos ângulos internos de um triângulo é igual a

180º". Frases do tipo "a = b" podem ocorrer também em nossa linguagem empírica, como é o caso das frases "A estrela da manhã é a estrela da tarde", "O monte Everest é o Chomolungma". Característico dessas frases é que os nomes ou expressões nominais "a" e "b" se referem sempre a *uma mesma coisa*: um mesmo número, um mesmo planeta, uma mesma montanha.

A pergunta que Frege se faz é: que identidade é essa que tais frases afirmam? Supondo que a identidade é uma relação, duas possibilidades se encontram à mão: 1) trata-se de uma relação de identidade entre objetos; 2) trata-se de uma relação de identidade entre nomes de objetos.

Caso se trate do caso 1, de uma identidade entre objetos, dado que o objeto aqui é sempre um único, frases do tipo "a = b" seriam ao final equivalentes a frases do tipo "a = a", isto é, frases que afirmam a identidade de um objeto *consigo mesmo*. Mas isso não pode ser o caso, pois uma frase como "A estrela da manhã é a estrela da tarde" não é sinônima da frase "A estrela da manhã é a estrela da manhã"; se digo a alguém que a estrela da manhã é a mesma que a estrela da tarde, estou comunicando uma informação que a outra pessoa pode desconhecer. O mesmo não aconteceria se eu tivesse feito a afirmação redundante de que a estrela da manhã é a estrela da manhã, a qual é vazia de conteúdo informativo.

Imaginemos agora que se trate do caso 2, ou seja, de uma relação de identidade entre os nomes dos objetos, aqui entendida como uma relação entre sinais idênticos, com formas diferentes, como é o caso da relação que existe entre a e α em "a = α". Nesse caso uma frase como "a = b" diria apenas que temos para o mesmo objeto uma mera diferença de nomenclatura. Contudo, uma tal relação seria meramente arbitrária: ela diria respeito apenas às nossas convenções, o que também não explica como uma frase como essa é capaz de veicular informação capaz de estender o nosso conhecimento.

O ponto desse argumento é mostrar que, para se explicar por que frases de identidade podem ser informativas, precisamos recorrer a um terceiro elemento, que não é nem o objeto nem o sinal. Esse elemento é o que Frege chama de *sentido*, por ele caracterizado como "o modo de se dar do objeto". Assim, na frase "A estrela da manhã é a estrela da tarde", os nomes "estrela da manhã" e "estrela da tarde" referem-se a um mesmo objeto, o planeta Vênus, o que justifica a identidade. A diferença entre eles reside no modo como tal objeto é por eles referido. Em "estrela da manhã" trata-se do mais luminoso planeta visto próximo ao horizonte pouco antes do sol nascer; em "estrela da tarde" trata-se do mais luminoso planeta, quando visto próximo ao horizonte ao crepúsculo. Os modos pelos quais temos acesso observacional ao planeta Vênus é que são diferentes, sendo essa diferença entre os modos de se dar de um mesmo objeto, entre o que queremos dizer com cada sinal, que faz com que a frase seja informativa.

Frege não aplicou a distinção entre sentido e referência só a nomes. Ele estendeu essa distinção ao que a lógica demonstra serem outros constituintes descritivos fundamentais da linguagem: os predicados e as frases.

O que é o sentido de uma frase? Para Frege, ele deve ser algo que se modifica quando partes da frase são substituídas por outras com outro sentido, embora com a mesma referência. O sentido de uma frase como "A estrela da manhã é Vênus" tem que ser algo que se modifica quando o nome "a estrela da manhã" é substituído pelo nome de sentido diferente "a estrela da tarde" na formação da frase "A estrela da tarde é Vênus".

A interessante sugestão de Frege é a de que o sentido da frase é o *pensamento* que ela expressa, pois uma mudança no sentido de um nome no interior da frase produz uma mudança no pensamento: a frase "A estrela da manhã é Vênus" exprime um pensamento diferente da frase "A estrela da tarde é Vênus". Além disso, o sentido de uma frase é o pensamento, a idéia que ela expressa, só na medida em que tal pensamento tenha a ver com o valor-de-verdade.

O que Frege chama de pensamento (e que nós geralmente chamamos de proposição ou enunciado) é importante por ser o *portador* da verdade ou da falsidade. Quando dizemos que algo é verdadeiro ou falso, referimo-nos primariamente não à frase ou à sua referência, mas ao seu sentido, ao pensamento por ela expresso. Assim, no caso de estar chovendo, as frases "It is raining", "Es regnet" e "Il pleut" são todas verdadeiras, embora elas sejam muito diferentes, e isso é assim porque o pensamento por elas expresso, o portador da verdade, é o mesmo.

Frases também têm referência. A referência de uma frase é considerada por Frege como a circunstância de ela ser verdadeira ou falsa. O argumento que ele usa para chegar a essa conclusão baseia-se na aplicação do princípio leibniziano de intersubstituibilidade *salva veritate*. Segundo esse princípio, é possível que uma expressão seja substituída por outra no interior de uma frase sem que o valor-de-verdade da frase se altere, sempre que a expressão que substitui se refere à mesma coisa que a expressão substituída. Assim, dado que a referência de uma frase depende da referência de seus componentes, se substituímos um de seus elementos por outro com a mesma referência, a referência da frase completa há de permanecer a mesma. Se, por exemplo, na frase "A estrela da manhã é o planeta Vênus", o nome "estrela da manhã" for substituído pelo nome "estrela da tarde", que tem a mesma referência, a frase resultante "A estrela da tarde é Vênus" deve permanecer com a mesma referência. A referência de ambas as frases deve ser aquilo que permanece inalterado após a substituição.

Como em substituições desse tipo o valor-de-verdade (a circunstância de a frase ser verdadeira ou falsa) permanece inalterado, ou seja, as frases resultantes da substituição permanecem verdadeiras ou falsas tal como as frases iniciais, Frege concluiu que o valor-de-verdade de uma frase é que constitui sua referência, pois com o valor-de-verdade já passamos do plano do sentido para o plano do que é objetivo. A frase "A estrela da manhã é Vênus" refere-se ao "Verdadeiro" (*das Wahre*), enquanto a frase "A estrela da manhã é Mercúrio" refere-se ao "Falso" (*das Falsche*).

O resultado é que, para Frege, existem apenas duas referências de frases: o Verdadeiro e o Falso. Assim, todas as frases verdadeiras têm apenas um referente, o Verdadeiro, enquanto todas as frases falsas têm apenas um referente, o Falso. A frase "Londres é a capital da Inglaterra" se refere à mesma coisa que a frase "2 + 2 = 4", ainda que a referência de "Londres" seja radicalmente distinta da referência de "4".

Essa tese de Frege é intuitivamente implausível. Uma alternativa mais convincente foi mais tarde sugerida por Wittgenstein. Segundo essa alternativa, a referência de uma frase é o *fato* que ela possivelmente designa, entendendo-se por fato um complexo de elementos existente no mundo.

Um problema aventado e resolvido por Frege diz respeito à referência de frases subordinadas, como é o caso da frase "A lua é de queijo", quando essa aparece no interior da frase composta "Ele acredita que a lua é de queijo". A última frase será verdadeira, caso a pessoa realmente acredite, e falsa, caso a pessoa não acredite, e isso independentemente da verdade ou falsidade da frase subordinada. Não obstante, se a referência da frase composta é o valor-de-verdade, esse valor deveria depender da variação do valor-de-verdade da frase subordinada. A solução fregeana consiste em considerar frases subordinadas, como a apresentada acima, como possuindo o que ele chama de *referência indireta*: tais frases se referem ao seu sentido e não ao seu valor-de-verdade.

Finalmente, também os predicados ou, no dizer de Frege, as expressões conceituais (*Begriffsausdrücke*), têm sentido e referência. Expressões conceituais podem ser explicadas como aquilo que resta de uma frase quando nós retiramos as expressões nominais que ela contém. Assim, se retiramos os nomes de frases como "O Sol é vermelho",

"Londres é a capital da Inglaterra" e "A estrela da manhã é Vênus", o que restam são expressões conceituais como "...é vermelho", "...é a capital de..." e "...é (o mesmo que)...".

As expressões conceituais são chamadas por Frege de insaturadas, incompletas ou abertas, tendo como referência entidades insaturadas, incompletas ou abertas. Quando expressões conceituais são completadas com nomes na formação de frases, as entidades por elas referidas são completadas ou preenchidas por objetos, que são entidades saturadas, completas ou fechadas. A entidade referida pela expressão conceitual "...é um número" seria assim insaturada, no sentido de que ela pode ser preenchida por uma variedade de objetos como, por exemplo, o objeto referido pelo nome "7" na frase "7 é um número" ou pelo nome "26" na frase "26 é um número". Frege chamou a entidade insaturada referida pela expressão conceitual de *conceito*.

Um resultado disso é um curioso paradoxo apontado por Frege: o de que não podemos designar o conceito através de uma nominalização desse conceito (por exemplo "a justiça" no lugar de "... é justo"), pois quando isso acontece ele perde a característica essencial de ser insaturado. Assim, para Frege o pensamento expresso pela frase "O conceito de cavalo não é um conceito" é verdadeiro, pois "o conceito de cavalo" deixou de designar algo insaturado para designar um objeto.

Não é possível aqui entrar em detalhes sobre a teoria do sentido em Frege, mas espero ter tornado claro o espírito da coisa. Na próxima seção examinaremos uma teoria do significado que em alguma medida é oposta à de Frege.

Russell: atomismo, descrições e familiaridade

Um dos pensadores mais influenciados pelas idéias de Frege foi Bertrand Russell (1872-1970), talvez o maior filósofo inglês após David Hume. Russell foi um paladino da filosofia da linguagem ideal, e sua contribuição mais importante para a filosofia da linguagem foi sua teoria das descrições. Antes de esboçá-la, é conveniente que se diga alguma coisa sobre a concepção de conhecimento defendida por Russell, pois é diante desse pano de fundo que a relevância filosófica da teoria das descrições se faz compreender.

Para Russell há duas espécies de conhecimento: conhecimento por familiaridade (*acquaintance*) e conhecimento por descrição. Veremos primeiro o que vem a ser o conhecimento por familiaridade, já que ele é uma condição necessária para que possa haver conhecimento por descrição.

O conhecimento por *familiaridade* é o conhecimento que temos de coisas com as quais somos imediatamente postos em contato; daquilo que é diretamente experienciado. O caso fundamental de conhecimento por familiaridade é o de coisas imediatamente conhecidas através da sensação, de dados sensíveis como cores, formas, odores etc., que Russell chama de *sense-data*. Se examino a mesa que se encontra diante de mim, estou em contato sensorial direto com *sense-data* de cor, forma, dureza, aspereza etc. Já o meu reconhecimento do objeto físico "essa mesa" não é mais por familiaridade, pois esse conhecimento, segundo Russell, só existe na dependência do conhecimento que tenho por familiaridade dos *sense-data* de cor, forma, dureza etc., deixando assim de ter o caráter imediato dos últimos.

O conhecimento por familiaridade é considerado por Russell como certo, não passível de dúvida. Eu posso me enganar quanto ao fato de estar diante de uma mesa real (é possível que eu esteja sendo vítima de uma alucinação), mas não posso me enganar quanto ao fato de que estou tendo a experiência dos *sense-data* correspondentes.

Outros casos de conhecimento por familiaridade são o conhecimento de dados memorizados, que nos permitem fazer inferências sobre ocorrências passadas, o conhecimento introspectivo das próprias ações etc. Ainda um caso especialmente importante, embora questionável, de conhecimento por familiaridade admitido por Russell é o de idéias, de conceitos gerais: conceitos como os de brancura, diversidade, semelhança etc.

O conhecimento por *descrição*, por sua vez, é aquele que é composto por constituintes dos quais temos conhecimento apenas por familiaridade. Esse é o caso do conhecimento complexo expresso pela maioria de nossas frases e também o caso do conhecimento de objetos físicos, do eu e de outras mentes. Seguindo os passos da tradição empirista, Russell veio a sugerir que tais entidades são *construções lógicas*: meras ficções simbólicas, completamente redutíveis a conjuntos de entidades que conhecemos por familiaridade, como é o caso dos *sense-data*. Com efeito, o que poderia ser um objeto físico como "essa mesa" além de um conjunto, de um sistema de *sense-data* atuais e possíveis? Devido ao caráter não-imediato do conhecimento por descrição, ele é além do mais passível de erro, sendo tipicamente verdadeiro ou falso.

Com base nessas idéias e sob a influência de Wittgenstein, Russell propôs a concepção metafísica da relação entre linguagem e mundo por ele chamada de *atomismo lógico*. Segundo o atomismo lógico, todas as sentenças de nossa linguagem, quando devidamente analisadas, se revelariam como constituídas de signos atômicos referentes aos elementos simples da realidade. Tais elementos seriam, por sua vez, aquilo que conhecemos por familiaridade, disso dependendo todo o conhecimento. O procedimento de análise nos conduziria àquelas configurações de elementos básicos que constituem o mundo: os *fatos atômicos*. Russell sugeriu que uma sentença como "Isso é branco" poderia designar um fato atômico.

Com o atomismo lógico Russell defendia uma concepção de significado muito diferente da proposta por Frege, prescindindo da noção de sentido. Ele entendia o significado de um nome como sendo simplesmente *aquilo a que ele se refere*. Essa idéia possui algo de intuitivo: o significado da palavra "vermelho", por exemplo, seria o que se dá à percepção como sendo vermelho, razão pela qual um cego de nascença não pode saber o que significa essa palavra. Assim, para Russell os verdadeiros nomes têm significado por apontarem para objetos com os quais nós temos direta familiaridade. E o significado de um nome ou de uma sentença deve ser completamente composto de particulares e universais com os quais temos contato.

A idéia de que os nomes têm significados por apontarem para objetos traz consigo consideráveis dificuldades. Se o objeto referido por um nome existe, seu significado pode ser apreendido por familiaridade. Mas se o objeto referido por ele não existe, então o nome não parece poder ter significado. Acontece que há em nossa linguagem ordinária muitos nomes — como "Homero" e "Atlântida" — que dizem respeito a objetos cuja existência é questionada, enquanto outros não têm decididamente qualquer referência, como no caso do nome de uma entidade mitológica como Pégaso. Nem por isso esses nomes deixam de ser significativos.

No interior do atomismo lógico, o papel da teoria das descrições é o de oferecer uma solução para dificuldades como essa. Aplicada a nomes próprios como "Pégaso" e "Homero", a solução por ela oferecida consiste em não considerar essas palavras como sendo realmente nomes. "Pégaso" pode ser entendido como abreviação da descrição "o cavalo alado de Belerofonte", e "Homero" pode ser substituído pela descrição "o autor da *Ilíada* e da *Odisséia*". Assim, se alguém afirma que Homero existiu, essa pessoa está apenas dizendo que uma certa descrição de algo é verdadeira.

Também o conhecimento que temos do significado dos nomes próprios comuns é, para Russell, um conhecimento por descrição e não por familiaridade. O significado do nome próprio "Bismark", escreve Russell, se resume para nós a uma ou mais descrições. "Bismark" pode significar, por exemplo, "o primeiro chanceler do império germânico". E mesmo uma descrição como essa não fornece uma análise completa do significado: uma palavra como "germânico" também significa várias coisas: para uns, ela pode recordar o conjunto dos *sense-data* experienciados em uma viagem pela Alemanha; para outros a aparência da Alemanha em uma carta geográfica...

As considerações acima não são, contudo, suficientes para eliminar os problemas. A mesma dificuldade relativa à questão da existência se repete quando nomes são substituídos por descrições e elas passam a ocupar o lugar do sujeito no interior das sentenças: sentenças contendo descrições no lugar de sujeitos continuam sendo significativas, mesmo quando essas descrições não se referem a nada.

Um claro exemplo dado por Russell para ilustrar essa dificuldade é a descrição "o atual rei da França", quando ela aparece como sujeito na sentença "O atual rei da França é calvo". Como atualmente não existe um rei da França, a sentença parece ser falsa; mas, como o significado da expressão nominal "o atual rei da França" é o objeto por ela referido e esse objeto não existe, a sentença falsa de que ele é calvo não deveria ser significativa. Mas ele é. Como isso é possível?

A solução encontrada por Russell constitui o cerne da teoria das descrições. Ela consiste, no presente exemplo, em remover "o atual rei da França" da posição de sujeito. A sentença "O atual rei da França é calvo" é analisada como sendo, em verdade, uma conjunção de três outras sentenças, que são:

(1) Uma sentença de existência: "Ao menos uma coisa é o atual rei da França."
(2) Uma sentença de unicidade: "No máximo uma coisa é o atual rei da França."
(3) Uma sentença predicativa: "Essa coisa é calva."

Ou, para quem sabe lógica, substituindo "o atual rei da França" por F e "calvo" por C, as conjunções acima podem ser expressas como "Ex (Fx & ((y) (Fy → (y = x)) & Cx)".

Com isso, tudo o que passa a ser requerido é a existência de algo, mas não que este algo seja o atual rei da França. A sentença "O atual rei da frança é calvo" é falsa, uma vez que a sentença de existência (1) é falsa e que uma conjunção de sentenças só pode ser verdadeira se todas as sentenças que a constituírem forem verdadeiras.

Como resultado desses raciocínios, Russell termina por negar que os nomes próprios e as descrições definidas de nossa linguagem ordinária sejam capazes de designar algo simples. Um nome real não poderia ter qualquer conteúdo descritivo.

Existem tais nomes? A sugestão de Russel é a de que, no sentido lógico da palavra, um nome real só poderia ser um pronome demonstrativo como "isso" ou "aquilo", acompanhado por um gesto com o qual o falante aponta para algo que ele vê em um determinado momento.

Certamente, o pronome "isso" não seria aqui aplicado ao objeto físico, pois é possível que não haja nada de especificável presente, caso em que o nome não mais se referirá necessariamente a algo, deixando de ser um nome. "Isso" recebe aqui uma aplicação dita subjetiva, referindo-se ao *sense-datum* que se dá ao falante em um dado momento, o qual ele reconhece por familiaridade. Mas, nesse caso, como podemos sair do domínio da subjetividade? Como é possível saber que diferentes pessoas estão associando os mesmos *sense-data* às mesmas palavras? Não parece que a doutrina de Russel nos oferece um passaporte gratuito para o solipsismo, ou seja, para a doutrina de que não existe um mundo objetivo e interpessoal, mas apenas os dados imediatos da consciência?

A maior objeção, contudo, foi apresentada por P.F. Strawson. Esse filósofo notou que geralmente não dizemos que um enunciado como "O rei da França é calvo" é falso, como pretende Russell, pois para que isso aconteça ele precisa *pressupor* que o enunciado "O rei da França existe" seja verdadeiro. Sendo esse último enunciado falso, o primeiro enunciado não chega a ser nem verdadeiro nem falso.

Wittgenstein: linguagem como figuração e como instrumento

Considerado por muitos o mais importante filósofo da século XX, Ludwig Wittgenstein nasceu em Viena em 1889, filho de uma abastada família austríaca, e morreu em 1951 em Cambridge, onde exerceu a maior parte de sua atividade como filósofo. A filosofia de Wittgenstein possui duas fases bastante distintas. A primeira, desenvolvida quando ele estava sob maior influência do logicismo filosófico de Frege e

Russell, encontra-se em um livro, o *Tractatus Logico-Philosophicus*, publicado logo após a Primeira Guerra Mundial, sendo uma típica filosofia da linguagem ideal. A segunda fase da filosofia de Wittgenstein foi desenvolvida após um intervalo de um decênio, durante o qual ele havia abandonado a filosofia para se dedicar a atividades que considerava mais úteis, como mestre-escola em um vilarejo no interior da Áustria ou aprendiz de jardineiro. Em sua segunda fase, a filosofia de Wittgenstein passou a tomar como modelo a linguagem ordinária, aquela que todos falamos em circunstâncias comuns, e não mais a sua estrutura oculta, a ser revelada pela análise lógica. A linguagem, escreveu Wittgenstein então, "está bem como está". E o intento do filósofo deve ser trazer a linguagem de volta de suas férias filosóficas para o seu trabalho do dia-a-dia. Com essa maneira de pensar Wittgenstein deu origem à forma de filosofia da linguagem cognominada filosofia da linguagem ordinária. As principais obras da segunda fase do pensamento de Wittgenstein são as *Investigações Filosóficas* e *Sobre a Certeza*.

A linguagem como figuração *no Tractatus.* O *Tractatus Logico-Philosophicus* é um livro com cerca de oitenta páginas de aforismos numerados. O estilo oracular desses aforismos, tão sugestivos quanto ambíguos, e um insuficiente esclarecimento da maneira como devemos relacioná-los entre si, torna o entendimento quase impossível na falta de uma maior familiaridade com o contexto no qual eles foram formulados.

O conteúdo dos aforismos é, em geral, formado por problemas relacionados à análise lógica da linguagem, com a finalidade metafísica de oferecer uma explicação geral de nossas possibilidades de compreensão do universo. O *Tractatus* foi decisivamente influenciado por lógicos como Frege e Russell em sua concepção da análise como instrumento para o desvendamento da verdadeira estrutura lógica da linguagem, aquela capaz de espelhar a estrutura da realidade.

O objetivo principal do *Tractatus* é explicar a natureza de nossa linguagem representativa ou factual. Explicar como podemos, através da linguagem, representar e compreender o mundo: como a linguagem se torna significativa; como o nosso pensamento se relaciona a ela. Wittgenstein acreditava ter encontrado, na análise da linguagem, a chave de uma questão central em toda a história da filosofia: a questão do conhecimento.

A solução encontrada por Wittgenstein para explicar a conexão entre a linguagem e o mundo é chamada de *teoria pictorial* da frase. Segundo essa teoria, uma tal conexão só pode ser feita porque nossas frases declarativas podem ser concebidas como *figurações* ou *quadros* (*Bilder*) da realidade; modelos capazes de reproduzir a realidade ao nível da linguagem.

Wittgenstein foi aparentemente levado a essas idéias em 1914, ao ter visto, em uma revista, a maneira como um acidente de trânsito foi apresentado a uma corte de justiça: primeiro por meio de um modelo em miniatura, depois por meio de frases. Os bonecos e os carrinhos do modelo podiam ser manipulados de forma a representar os diferentes modos pelos quais o acidente poderia ter ocorrido. Por exemplo: em um cruzamento pode-se representar uma caminhoneta vinda da direita que se choca com uma motocicleta vinda da esquerda. Se a representação for correta é porque os elementos do modelo se encontram relacionados entre si do mesmo modo que os elementos do acidente real.

Esse relato sugere que algo semelhante deva acontecer com a linguagem, ou seja, que uma frase declarativa com seu conteúdo — o que Wittgenstein chamava simplesmente de frase (*Satz*) — possa ser concebida como um modelo da realidade, cujos elementos se comportam em relação aos elementos de um possível fato no mundo real de maneira semelhante ao modo como as miniaturas se comportam em relação ao fato do acidente. Ao reproduzir a estrutura do fato concreto por ela designado, a frase torna-o lingüisticamente acessível.

Essa idéia intuitiva da frase como figuração ou modelo da realidade não pode ser aplicada à linguagem natural sem maiores qualificações. Por isso, o sentido que Wittgenstein dá à noção de figuração é estendido ou analógico.

Uma primeira modificação no sentido da noção de frase como figuração consiste em estender essa noção de maneira que ela abranja não somente quadros naturalistas (uma fotografia, uma pintura), mas também modelos convencionais abstratos. Isso é feito com a introdução da noção de *figuração lógica*. Quando consideramos uma figuração lógica, não importa quão diversa seja a aparência sensível da figuração da aparência dos elementos a serem representados. O que importa é que exista o que Erik Stenius chamou de um *isomorfismo estrutural* entre os elementos da figuração e os elementos, por vezes muito diversos, da realidade à qual ela deve corresponder. Para que possa existir uma figuração estruturalmente isomórfica àquilo que ela representa, é necessário tão-somente a existência de regras ou convenções que permitam a existência de:

1) uma *relação afigurante*: a condição de que os elementos da figuração possam ser considerados como mantendo correspondência *biunívoca* com os elementos do mundo real que eles devem representar;
2) uma *forma de afiguração*: a condição de que as conexões entre os elementos da figura (as quais formam a sua estrutura) sejam ao menos *possivelmente* equivalentes às conexões entre os elementos do fato ou estado de coisas que lhe poderia corresponder no mundo.

Um exemplo, apenas para ilustrar essas condições: a frase "O livro está sobre a mesa" não precisa, para ser uma figura em um sentido como o proposto por Wittgenstein, assemelhar-se à realidade. O que importa é tão-somente que os elementos da frase, digamos, as palavras "livro" e "mesa", possuam uma correpondência biunívoca com o livro e a mesa reais, e que o modo como esses elementos se associam convencionalmente na frase (expresso por "está sobre") possa ser equivalente ao modo como os elementos do mundo, o livro e a mesa reais, se encontram concatenados. É necessário que a estrutura da figura possa ser a mesma que a do fato afigurado — possibilidade esta que Wittgenstein chamou de *forma de afiguração.*

A concepção pictorial da frase exige, porém, para ser correta, uma segunda modificação importante. Embora o requisito acima possa eventualmente aplicar-se a frases descritivas como "O livro está sobre a mesa", são inúmeras as frases de nossa linguagem ordinária que evidenciam a ausência de qualquer caráter pictorial imediato. O que dizer, por exemplo, de uma frase como "Chove?"

A resposta de Wittgenstein apela para uma forma de atomismo lógico semelhante à que vimos em Russell. A linguagem com que falamos traveste o pensamento. A linguagem natural, segundo Wittgenstein, é uma parte do organismo humano, e não menos complicada do que este, sendo humanamente impossível extrair a lógica da linguagem diretamente dela. A verdadeira estrutura pictorial não vem expressa nos sinais sensíveis da frase, mas em seu conteúdo, ou seja, naquilo que com ela *pensamos.* O que pensamos, por sua vez, só pode ser expresso de uma forma totalmente explícita pela frase completamente analisada, o que Wittgenstein chama de *frase elementar.* Nós só não percebemos nossas frases imediatamente como modelos da realidade porque falhamos em analisá-las completamente.

Não são, pois, as frases da linguagem ordinária que são figurações da realidade, mas essas mesmas frases totalmente analisadas, essas sim devendo espelhar o que é pensado através delas: a sua verdadeira forma lógica, a sua possibilidade lógica de afigurar. A frase "Chove", se analisada em sua verdadeira forma lógica, deve, pois, resultar em um modelo cujos elementos têm relação biunívoca com os elementos da realidade, tal como ela pode ser pensada.

Wittgenstein não chegou a mostrar como isso verdadeiramente acontece: de que maneira as frases de nossa linguagem ordinária podem ser efetivamente analisadas em frases elementares, cuja estrutura lógica é a mesma das situações que elas possivelmente afiguram. Ele não ofereceu no *Tractatus* nenhum exemplo de frase completamente analisada. Mas ele acreditava, na ocasião em que escreveu o livro, que a existência dessas frases deveria ser uma condição necessária para que fosse possível explicar como nossas frases podem dizer alguma coisa sobre o mundo.

A concepção da frase como contendo uma figuração deve, portanto, ser suplementada pela suposição de que as frases da linguagem natural podem ser, em princípio, analisadas até que se chegue a combinações de frases elementares, as quais são verdadeiramente capazes de refletir pictorialmente o mundo.

De uma maneira simplificada, a metafísica atomista do *Tractatus* pode ser apresentada como se segue. As frases da linguagem natural são analisáveis como constituídas de combinações de frases elementares, as quais são modelos da realidade que expressam diretamente o pensamento. As frases elementares, por sua vez, consistem em combinações de nomes de objetos simples. As combinações de nomes que constituem tais frases elementares correspondem, quando essas frases são verdadeiras, diretamente a combinações de objetos da realidade. Esses objetos são para Wittgenstein algo rígido, imutável, não mais divisível; as pedras de construção do mundo, a sua substância. As combinações de objetos simples que correspondem às frases elementares verdadeiras são chamadas por ele de estados de coisas (*Sachverhalten*). Esses estados de coisas, ou fatos atômicos, por sua vez, combinam-se entre si na constituição de fatos de todos os graus de complexidade, os quais constituem o mundo.

O esquema abaixo, que tomo de empréstimo de K.T. Fann (ver bibliografia), serve para evidenciar a concepção de linguagem como imagem especular do mundo sugerida acima:

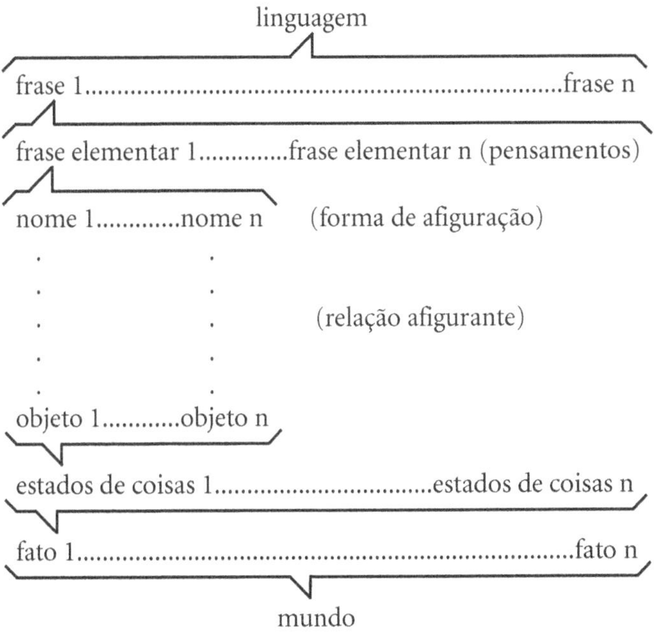

Uma frase qualquer de nossa linguagem é ou elementar, ou analisável como sendo constituída de uma combinação de frases elementares, as quais podem corresponder estruturalmente a fatos, a combinações dadas de estados de coisas.

Completamente analisadas, as frases se revelam como arranjos de nomes, de signos simples diretamente correlacionáveis aos seus respectivos elementos simples do mundo real, de maneira que "a figura toca a realidade" (lembremonos da noção de conhecimento por familiaridade em Russell).

A teoria pictorial permite uma explicação de como as frases de nossa linguagem podem ser verdadeiras ou falsas. Uma frase não-elementar verdadeira é aquela que se deixa analisar como constituindo-se de uma combinação de frases elementares que são modelos, reproduções estruturais de fatos complexos existentes, isto é, de combinações de estados de coisas existentes no mundo real. Uma frase falsa é aquela analisável como constituindo-se de uma combinação de frases elementares correspondente a uma combinação de estados de coisas que é logicamente possível, mas que não está presente no mundo.

A concepção pictorial da linguagem completa-se com uma teoria do significado, semelhante à que vimos em Russell. O significado (*Bedeutung*) de um signo simples, de um nome, é o *objeto simples* por ele representado. Se um nome tem significado, o objeto que ele nomeia existe. Essa concepção referencial do significado não pode ser estendida a frases. Pois, se o sentido de uma frase fosse aquilo que ela representa — o fato —, então frases falsas não teriam significado — pois elas não correspondem a fato algum. Por isso Wittgenstein considera o sentido (*Sinn*) de uma frase como sendo o *possível* fato que ela representa. Com efeito, mesmo uma frase falsa deve representar uma combinação possível de objetos, um fato concebível. Eis por que uma frase como "O quadrado redondo não é redondo" não é significativa: nada podemos conceber com ela.

Essa concepção de significado também é determinante daquilo que Wittgenstein considerava como os limites da linguagem significativa. Esses limites são estabelecidos pelas possibilidades de combinação das frases elementares, possibilidades que procurou calcular idealmente através da lógica matemática. Esses limites correspondem aos limites do mundo, tal como o pensamos.

Um outro conceito importante do *Tractatus* é o de forma lógica. Para que um modelo possa representar uma situação externa deve haver entre ambos algo que é compartilhado. No caso dos bonecos e carrinhos em miniatura do nosso exemplo inicial, o espaço tridimensional é uma característica comum tanto ao modelo quanto à situação por ele representada; no caso de figuras lógicas, tudo o que é necessário existir em comum entre o modelo e a situação por ele afigurada é o que Wittgenstein chama de *forma lógica*. Todas as figuras e todas as possíveis situações no mundo precisam compartilhar de uma mesma forma lógica, que é "o que toda figura, não importando qual seja a sua forma, deve ter em comum com a realidade de maneira a poder representá-la".

Não obstante, a forma lógica não pode ser pictorialmente representada. Embora as frases possam representar a realidade, elas não podem representar o que elas precisam ter em comum com a realidade de maneira a poder representá-la. Nada do que é necessário para o entendimento de todas as frases pode ser dito por meio de uma frase significativa.

Desse modo de pensar resulta em Wittgenstein que a filosofia do *Tractatus*, não sendo constituída de frases capazes de representar fatos, encontra-se além dos limites da linguagem significativa. A idéia é dramaticamente expressa nos últimos dois aforismos do *Tractatus*:

> 6.54 Minhas frases esclarecem de modo que aquele que me entende as reconhece como sendo absurdas, se ele através delas — com elas — sobre elas se alça (ele precisa, por assim dizer, jogar fora a escada após ter subido).
>
> 7 O que não pode ser dito deve ser calado.

Se tomada literalmente, essa última afirmação conduz à conclusão de que o *Tractatus* é uma obra autocontraditória: uma tentativa de dizer o que não pode ser dito, à qual se opõe o comentário irônico de Ramsey: "O que não pode ser dito não pode ser dito e nem sequer assobiado." Se assim for, devemos dar razão ao juízo de Carnap quando escreveu que Wittgenstein parece inconsistente no que faz, pois primeiro ele nos diz que não podemos asserir frases filosóficas e então, ao invés de guardar silêncio, escreve todo um livro de filosofia.

Para quem preferir uma interpretação mais benevolente, sugiro que se entenda a questão mais como uma idiossincrasia terminológica, destinada a sublinhar retoricamente a espécie de insubstancialidade comum ao pensamento filosófico. Nesse caso, quando expressões como "sem sentido" (*sinnlos*) e "absurdo" (*unsinn*) ocorrem no *Tractatus*, pode ser que com elas se queira dizer algo como "Sem sentido ou absurdo se entendido como parte de nossa linguagem empírico-factual", a única tematizada pela teoria do significado do *Tractatus*. A linguagem da filosofia, como a linguagem poética, somente é absurda se for entendida como parte de nossa linguagem factual.

A linguagem como instrumento na filosofia posterior. Ao retornar a Cambridge em 1929, Wittgenstein concluiu que a tentativa do *Tractatus* de construir a linguagem e o mundo a partir de elementos atômicos havia falhado. A deficiência fundamental do *Tractatus* foi a de não atentar para o modo como a linguagem efetivamente funciona. Se ponderarmos sobre isso, veremos que a linguagem não se deixa analisar de uma só maneira e que a busca de objetos absolutamente simples é a busca de uma quimera.

A linguagem é, segundo uma imagem do próprio Wittgenstein, como uma nebulosa constituída de múltiplos locais, regiões, sublinguagens mais ou menos aparentadas entre si, e é nelas e nas transgressões de suas fronteiras internas que o filósofo deve focalizar sua atenção. Mesmo que exista uma unidade geral da linguagem, ela não chega a ser relevante para a investigação filosófica.

Uma sugestão influente de Wittgenstein no início da última fase foi a reformulação que ele deu ao chamado *princípio da verificabilidade*. Essa reformulação consiste numa nova concepção do que seja o significado. Segundo ela, o significado de uma frase consiste no *modo como ela pode ser verificada*, isto é, na maneira através da qual pode ser sabido se ela é verdadeira ou não. Exemplificando, imagine que uma pessoa, ao perguntar onde se encontra a chave da garagem, obtenha de outra a seguinte resposta: "A chave está em cima do armário da sala." Essa frase tem sentido, diria Wittgenstein, porque a pessoa conhece *modos* pelos quais ela pode ser provada verdadeira. É possível, por exemplo, que a pessoa verifique tal frase simplesmente indo até o armário e observando que a chave se encontra realmente onde foi dito que ela está. Em caso positivo, a frase é verdadeira. Em caso negativo, ela é falsa.

Essa sugestão proporciona um meio de se traçar os limites de significação da linguagem factual: frases que não sabemos como verificar não possuem sentido. Exemplos clássicos de frases que carecem de meios de verificação são as religiosas, como "Existe um Deus onipotente, onipresente e onisciente" e "Pão e vinho se transformam, durante a eucaristia, no corpo e no sangue de Cristo". Essas frases, se tomadas como asserções factuais, ou possuem sentido, mas são falsas, ou são carentes de valor-de-verdade e destituídas de sentido. Ainda outros exemplos — os que realmente importavam aos filósofos do Círculo de Viena, acirrados críticos da filosofia tradicional — são as frases da metafísica como "Há, além do mundo tal como o experienciamos, um mundo da coisa em si (noumênico), que é incognoscível" (Kant); "O absoluto se desdobra em tríades dialéticas sucessivas" (Hegel); ou ainda "O nada nadifica" (Heidegger). Ora, não temos quaisquer meios de verificar tais frases: elas não têm, pois, sentido cognitivo, não passando de apelos emocionais.

Vale ainda notarmos que, diversamente do que com freqüência se sugere, a aceitação do princípio da verificabilidade não precisa se opor à concepção correspondencial da verdade proposta no *Tratactus* — concepção segundo a qual uma frase é verdadeira se corresponde, se é estruturalmente idêntica, ao fato que afigura. Em suas origens bem anteriores a Wittgenstein, no trabalho de Moritz Schlick, o verificacionismo havia sido proposto exatamente como uma forma de se entender a idéia clássica de que a verdade de uma frase ou juízo consiste em sua correspondência com um fato. Schlick defendia que a correspondência pode ser analisada como um procedimento verificacional constituído da comparação entre o conteúdo de uma hipótese e a experiência perceptiva que a verifica. Se houver identidade entre o conteúdo de ambas, a hipótese é verificada; caso contrário, ela é falseada. Assim se, digamos, ao ouvir pingos no telhado, suspeito que esteja chovendo — o que é uma hipótese exprimível na interrogação "Está chovendo?" —, o conteúdo da experiência perceptiva que a verifica poderá ser expresso através da frase perceptual "Percebo que chove", que diz o que vejo ao abrir a janela. Como há uma identidade de conteúdo entre as duas frases, minha hipótese foi tornada verdadeira! A relação com o *Tractatus* está em que tal identidade de conteúdo (correspondência) pode ser em princípio identificada com um isomorfismo estrutural entre figura e afigurado: com uma relação pictorial entre os conteúdos de uma frase hipotética e de uma frase perceptual.

A sugestão verificacionista não é, todavia, suficiente para dar conta de muito daquilo que entendemos por significado. Proferimentos não-assertivos, como a ordem "Alice, feche a porta", tem um sentido muito específico, não-redutível a um procedimento verificacional.

Talvez por isso Wittgenstein tenha vindo mais tarde a enfatizar, no lugar da concepção verificacionista do significado, uma outra menos excludente: a de que o significado de uma expressão (palavra, frase) é *o seu uso ou aplicação na linguagem.* "As palavras", escreveu Wittgenstein, "só adquirem significado no fluxo da vida; o signo, considerado separadamente de suas aplicações, parece morto, sendo no uso que ele ganha seu sopro vital." As nossas expressões adquirem diferentes funções, de acordo com o contexto no qual elas são empregadas, modificando-se, assim, o que se quer dizer com elas.

A idéia fica mais clara pela comparação que Wittgenstein faz da linguagem com as ferramentas de uma caixa de ferramentas ou com as alavancas de uma locomotiva. Embora suas formas sejam semelhantes, as suas *funções* podem ser muito diversas. As ferramentas e alavancas só adquirem para nós um "significado" se soubermos para que servem, se soubermos como usá-las. E uma mesma ferramenta pode ser usada de diferentes maneiras, de acordo com as circunstâncias.

Para que a identificação entre o significado da expressão e o seu uso faça sentido, a palavra "uso" (*Gebrauch*) não deve ser entendida nem no sentido de um uso arbitrário, não mediado por regras, nem no sentido mais comum de uso como a mera ação de proferir corretamente a expressão. Wittgenstein usa as vezes a expressão "modo de uso" (*Gebrauchsweise*), o que sugere que aquilo que ele efetivamente entende por "uso" de uma expressão é a maneira, o modo como ela foi usada.

Esse modo de uso é determinado ou fixado pelo que Wittgenstein chamou de *regras da gramática*, as regras semanticamente relevantes da linguagem. Por isso mesmo, a nova concepção de significado não precisa, me parece, ser concebida como excluindo de todo a concepção verificacionista e mesmo a concepção pictorial, mas como abrangendo-as: para usarmos uma frase de maneira a asserir algo, pressupomos que tenha sido realizada alguma ação verificacional, sendo possível introduzirmos o conceito de um *modo assertivo* de uso de frases, o qual poderia ser entendido de maneira a abranger as regras verificacionais justificadoras do ato de asserir.

Não obstante, dado que para Wittgenstein uma mesma expressão pode ser usada de vários modos, adquirindo assim diferentes nuances semânticas, o que condiciona o modo como, em certa ocasião, a usamos? Como sabemos, por exemplo, se uma palavra como "pensamento" é usada no sentido de conteúdo pensado, no sentido de um processo psicológico, ou ainda em outros mais?

Para respondermos a essa questão faz-se necessária a introdução de uma outra noção fundamental: a de *jogos de linguagem*. Como já dissemos, para o Wittgenstein das *Investigações filosóficas*, nossa linguagem é divisível em um sem-número de sublinguagens, regiões, domínios mais ou menos específicos da linguagem natural e técnica, que podem ser considerados jogos de linguagem naturais, diversamente dos jogos de linguagem da ciência. Tais jogos de linguagem podem em geral ser concebidos como sistemas localizados de regras lógico-gramaticais determinadoras dos usos das expressões que neles incorrem.

Característico do jogo de linguagem é que ele é parte de uma forma de vida, sendo primariamente praticado em meio ao contexto social em que os falantes vivem. Um dos exemplos mais simples de jogo de linguagem apresentado por Wittgenstein consiste em um diálogo entre um pedreiro e o seu ajudante, onde o primeiro dá ordens como "tábua", "lajota", "tijolo" e o segundo, ao ouvi-las, traz esses objetos para ele. Ao jogo pertencem não só as palavras, mas os participantes, os objetos e outros elementos contextuais.

É, pois, fundamental notarmos que as regras do jogo de linguagem podem dizer respeito não somente a signos lingüísticos, mas também aos participantes do jogo, aos objetos, às ações humanas, ao contexto. Eis por que considerar o significado das expressões nos jogos de linguagem é considerá-lo do ponto de vista do modo de uso, isto é, como parte natural das ações humanas radicadas em uma forma de vida. O jogo de linguagem liga convencionalmente a expressão ao contexto no qual ela é proferida, fixando assim o modo específico de sua aplicação. *Um significado de uma expressão* pode ser assim concebido como sendo *o seu modo de uso, determinado pelas regras de um jogo de linguagem pertencente a uma forma de vida.*

Com isso podemos responder à questão sobre o que condiciona o modo como uma expressão é usada em uma certa ocasião. O fator condicionante é simplesmente o seu proferimento correto em um jogo de linguagem particular. A descrição dos modos como uma mesma expressão é efetivamente aplicada em jogos de linguagem diferentes, segundo combinações de regras diversas, permite que precisemos as diferentes nuances semânticas que ela pode efetivamente receber. O conceito de jogo de linguagem, entre outros que Wittgenstein foi criando, serve aqui como um novo instrumento de elucidação do significado.

Mas para que tanta ênfase na determinação do significado efetivo de nossas expressões? A razão disso é que nós temos dificuldades em adquirir uma consciência adequada do significado de muitas de nossas palavras, das nuances semânticas que elas adquirem na dependência do contexto. Wittgenstein nos sugere uma explicação para isso. Segundo ele, nós aprendemos a maioria desses jogos de linguagem na infância, por meio de exemplos, em situações práticas, através de um exercício de "adestramento" (*Abrichtung*) no uso das expressões. Devido a esse caráter não-cognitivo do aprendizado dos significados, nosso conhecimento dos modos de uso é intuitivo ou implícito, isto é, nós não somos, em geral, capazes de formulá-los lingüisticamente. O resultado é que quando filosofamos somos, devido a similaridades e diferenças de superfície, facilmente levados a confundir significados, usando uma expressão em um jogo de linguagem no sentido que ela possui em outro jogo, criando os mal-entendidos semânticos de que se alimenta a metafísica tradicional.

Para Wittgenstein um erro comum entre filósofos consiste em, movidos por confusões semânticas, produzirem falsas imagens, nas quais crêem levados por uma "dieta unilateral" de exemplos que as confirmam. Um exemplo disso foi a própria idéia que Wittgenstein defendera no *Tractatus*, segundo a qual, para que a concepção pictorial se justificasse, era necessário que existissem frases elementares, mesmo que ninguém fosse capaz de encontrar exemplos satisfatórios delas. Um outro exemplo é a espécie de dualismo chamado por Gilbert Ryle de "dogma do fantasma na máquina", segundo o qual além do cérebro é preciso existir uma substância mental que o ponha em ação.

Para que o filósofo se liberte dessas confusões e equívocos que ele mesmo criou, faz-se necessária uma espécie de *terapia* — que é como Wittgenstein concebe a adequada atividade filosófica — a qual visa reconduzir as palavras de seu uso metafísico ao seu uso cotidiano. Falsas imagens são resultados de confusões categoriais que surgem quando são transgredidas as fronteiras entre os usos de uma mesma expressão em diferentes jogos de linguagem, em diferentes domínios da linguagem. A terapia filosófica alcança o seu objetivo ao tornar suficientemente reconhecíveis as regras dos jogos de linguagem em questão, o que desfaz a necessidade das imagens falsas. "A filosofia", escreve Wittgenstein nas *Investigações*, "é uma luta contra o enfeitiçamento de nosso entendimento pelos nossos meios de expressão."

Austin e Habermas: a linguagem como meio de interação social

A sugestão wittgensteiniana de que a linguagem se esclarece através da ação foi desenvolvida e sistematizada em certa direção e de uma maneira muito original por um filósofo algo mais terra-a-terra: o inglês J.L. Austin (1911-1960).

O resultado mais elaborado da investigação de Austin é a teoria dos atos de fala. Essa teoria foi desenvolvida e aplicada por seu aluno J.R. Searle, tendo servido de base para um projeto mais ambicioso: a pragmática universal de Jürgen Habermas. Como as idéias de Searle sobre o assunto são bastante próximas das de Austin, não as discutiremos aqui. Chegaremos, pois, ao fim de nossa pequena excursão a algumas das principais atrações da filosofia da linguagem com uma breve *trip* pelas idéias básicas de Austin e Habermas.

A teoria dos performativos. Para Austin, a função fundamental da linguagem não é descrever reflexivamente o mundo, mas comunicar. Por isso ele não parte da análise de frases, mas de *proferimentos* (*utterances*): atos de emissão de frases realizados por falantes para ouvintes em situações concretas.

O resultado mais elaborado da forma de análise lingüística praticada por Austin é a por ele chamada teoria das forças ilocucionárias ou, como preferiremos chamar, a teoria dos atos de fala, que se encontra exposta a partir da lição VIII de uma série de conferências de Austin publicadas após sua morte sob o título de *Como Fazer Coisas com Palavras* (*How to do Things with Words*). Essa teoria foi elaborada em substituição ao que foi por vezes chamado de teoria dos performativos, objeto das primeiras sete conferências. Como pretendo expor a teoria dos atos de fala à luz da reflexão acerca dos performativos, considerarei primeiramente esta última.

Na base da teoria dos performativos existe uma distinção entre duas espécies gerais de proferimentos: os proferimentos constatativos, com os quais constatamos algo, e os proferimentos performativos, com os quais realizamos ações.

Os proferimentos *constatativos* (afirmações, constatações) são atos de dizer alguma coisa, caracterizando-se por serem verdadeiros ou falsos. Exemplos de proferimentos constatativos são asserções como "O céu está azul", "O gato está sobre o tapete", "Gorbachev foi um político hábil".

Mas nem todos os proferimentos de nossa linguagem podem ser considerados verdadeiros ou falsos. Há uma série muito ampla de proferimentos, como "Peço para não fumarem", "Prometo voltar amanhã", "Declaro aberta a seção", "Eu te batizo com o nome 'Maria'", que não podem ser verdadeiros nem falsos. Austin chamou esses proferimentos de *performativos*, querendo dizer com isso que com eles são realizadas *ações*, como as de pedir, batizar, prometer, declarar etc. Embora não podendo ser verdadeiros ou falsos, eles podem ser, na terminologia de Austin, *felizes* (bem-sucedidos) ou *infelizes* (malogrados). Um batismo, por exemplo, será infeliz se a pessoa que pretendeu realizá-lo não estiver revestida de autoridade para tal. Uma promessa será infeliz se aquele que promete a faz insinceramente, sem a intenção de realizar o que prometeu.

Austin distinguiu entre proferimentos performativos explícitos e implícitos ou primários. Os proferimentos performativos explícitos são aqueles que fazemos aplicando verbos tipicamente performativos, como "pedir", "batizar", "prometer", "proibir". Muitas vezes, porém, os proferimentos são apenas implicitamente performativos, não possuíndo tais verbos. Esse é o caso de frases como "Não fume", "Eu volto amanhã", "Feche a porta": nesses casos são as circunstâncias envolvidas que indicam que tipo de ação está sendo realizada. Se alguém diz "Volto amanhã", só o conhecimento das circunstâncias que cercam o proferimento poderá nos informar se se trata de uma promessa, de uma ameaça ou de alguma outra ação.

O principal critério gramatical encontrado por Austin para distinguir proferimentos performativos é que neles o verbo vem na primeira pessoa do singular do presente do indicativo na voz ativa (por exemplo: "Eu prometo voltar amanhã"), ou, se esse não for o caso, que o proferimento pode geralmente ser convertido em um outro com o verbo flexionado de tal maneira. Assim, se encontramos uma tabuleta onde está escrito: "Previne-se que o touro é perigoso", isso pode ser facilmente convertido em "Eu, João da Silva, previno que o touro é perigoso".

Na lição XI de seu trabalho Austin expõe suas razões para o abandono da distinção entre performativo e constatativo. Ele evidencia que os proferimentos constatativos também contêm aspectos performativos e vice-versa. Se alguém diz "O gato está sobre o tapete", pode tratar-se de uma mentira, o que é paralelo ao caso de alguém que faz uma promessa sem ter a intenção de cumpri-la. Em ambos os casos há insinceridade. Por outro lado, um proferimento performativo como "Eu lhe previno que o touro irá atacá-lo", embora sendo uma advertência, constitui-se na previsão de algo verdadeiro ou falso. Além disso, há proferimentos em que "verdadeiro" pode ser substituído por "correto", casos sem valor-de-verdade, casos indecidíveis etc. Austin gostaria de mostrar que, a um exame mais cuidadoso, os constatativos revelam sempre mais características performativas, terminando por colapsar-se nos últimos. Se Austin conseguiu realmente mostrar que a sua teoria dos performativos é irremediavelmente incorreta é algo dubitável, que não pretendo considerar aqui; o certo é que ele desenvolveu uma interessante nova teoria em substituição a ela: a teoria das forças ilocucionárias ou dos atos de fala.

A teoria dos atos de fala. A teoria das forças ilocucionárias, proposta por Austin em substituição à sua teoria dos performativos, parte da idéia básica de que, sempre que somos bem-sucedidos em dizer alguma coisa, realizamos três atos:

um ato locucionário, um ato ilocucionário e um ato perlocucionário.

O ato *locucionário* é o "de" dizer alguma coisa, de proferir uma sentença com sentido. Esse ato pode por sua vez ser decomposto em três atos: 1) um ato *fonético*, que consiste na emissão de uma seqüência de ruídos ou fonemas; 2) um ato *fático*, que consiste na emissão de uma seqüência de palavras pertencentes a um vocabulário e organizadas em concordância com uma gramática; 3) um ato *rético*, que consiste na emissão de uma seqüência de palavras dizendo "alguma coisa" sobre "algo", isto é, com *sentido* e *referência*. Por serem atos significativos, um mesmo ato rético pode equivaler a diferentes atos fáticos e vice-versa, devendo ser levadas em conta as circunstâncias que cercam o proferimento.

Embora cada um desses atos pressuponha o anterior, nenhum deles pressupõe o que se segue. Assim, um papagaio pode repetir certos sons sem necessariamente encadeá-los gramaticalmente em um ato fático, e alguém pode ler um texto em latim, realizando, portanto, um ato fonético e um ato fático, mas sem realizar com isso um ato rético, isto é, sem saber o que as expressões significam ou a que elas se referem. O que falta aqui são as circunstâncias adequadas para que os atos se dêem, que podem ser, no primeiro caso, o proferimento por um ser humano consciente e, no segundo, o proferimento por alguém que conheça o latim.

O ato locucionário é, como já dissemos, o "de" dizer algo. Juntamente com esse ato "de" dizer algo, há também um ato que realizamos "ao" dizermos algo. Esse ato Austin chama de *ilocucionário*. Quando uma pessoa profere a frase "Amanhã eu voltarei", há algo mais que está sendo feito além do ato locucionário, da expressão da idéia de que a pessoa irá voltar amanhã: é possível que ela esteja apenas informando, fazendo uma ameaça, uma promessa etc. Em qualquer dos casos a pessoa estará realizando atos ilocucionários, quais sejam, atos de informar, de ameaçar, de prometer, explicitáveis pela adição de verbos performativos à frase original. As diferentes significações dadas aos proferimentos por cada um desses verbos foram chamadas por Austin de "forças ilocucionárias", que ele tentou classificar em alguns poucos grupos.

O terceiro ato geralmente realizado em um proferimento é chamado por Austin de *perlocucionário*: aquele que alguém pode realizar pelo fato de haver efetuado um ato ilocucionário. Ele é um ato que realizamos ao dizermos algo, consistindo no efeito do ato ilocucionário sobre os sentimentos, pensamentos ou ações das pessoas. Se um assaltante aborda alguém dizendo "A bolsa ou a vida", o ato ilocucionário realizado é o de ameaçar; o ato perlocucionário, por sua vez, é aquilo que o ato ilocucionário causa no ouvinte — possivelmente, no caso, o efeito de intimidá-lo. À diferença do ato ilocucionário, o ato perlocucionário não depende de convenção.

Os três atos descritos são abstrações que analisam um fato único: o fato de que o falante, ao dizer alguma coisa, o faz com uma certa "força ilocucionária" e com a intenção de produzir no ouvinte um certo efeito. Essa teoria foi em muitos aspectos aprimorada por J.R. Searle, que substituiu o ato rético pelo que ele chama de ato *proposicional*, que é o de exprimir um conteúdo proposicional sem com isso pretender que ele seja verdadeiro. A pretensão de informar a verdade do conteúdo proposicional passa, assim, ao domínio das forças ilocucionárias, o que desvincula por completo a teoria dos atos de fala da antiga teoria dos performativos. É questionável se a teoria dos atos de fala está realmente em conflito com toda e qualquer versão da teoria dos performativos, posto que elas parecem poder ser concebidas como maneiras diferentes de se estabelecer as funções da linguagem.

Habermas: a pragmática universal. Jürgen Habermas (1930-) tem sido considerado a figura exponencial da filosofia européia da segunda metade do século XX. Sua mais notável contribuição é talvez a elaboração do que ele chamou de uma *pragmática universal* — uma construção essencialmente ligada à teoria dos atos de fala. A pragmática universal visa esclarecer as condições que geralmente precisam ser satisfeitas em quaisquer ações comunicativas na linguagem natural. Para Habermas esse projeto torna-se importante ao expor condições permanentes, as quais refletiriam as estruturas normativas das sociedades em geral.

Como chega Habermas ao esclarecimento dessas condições? A partir de sua classificação dos atos de fala. Para ele, há quatro classes fundamentais de atos de fala:

1) Atos de fala *comunicativos:* são os que explicitam o sentido dos proferimentos como proferimentos,

segundo regras semânticas e sintáticas, de maneira que a comunicação se dê. Exemplos: dizer, falar, perguntar, objetar.

2) Atos de fala *constatativos:* explicitam o sentido dos enunciados como enunciados, das frases com sentido cognitivo. Neles erguemos uma pretensão de verdade. Exemplos: afirmar, descrever, relatar, explicar... Para Habermas esses atos podem ser aproximados aos proferimentos constatativos de Austin.
3) Atos de fala *regulativos:* explicitam o sentido do emprego prático das frases, a relação entre falante e ouvinte, segundo regras de interação. Neles há uma pretensão de legitimidade, retidão, justiça nas normas subjacentes. Exemplos: ordenar, pedir, proibir, prometer, avisar. Para Habermas esses atos são os que mais se aproximam do que Austin entendia por proferimento performativo.
4) Atos de fala *representativos:* explicitam a maneira como o falante se apresenta diante do ouvinte, o sentido da manifestação de intenções, atitudes, expressões dos falantes. Exemplos: lamentar, ocultar, simular, pensar, amar, desejar.

Restam os atos de fala institucionalmente vinculados, como batizar, casar, saudar etc., que Habermas deixa fora da classificação. A razão pela qual ele os exclui é que esses atos pressupõem instituições e, como as instituições são contingentes, tais atos não são apropriados para espelhar condições universais da comunicação.

O exame do que caracteriza cada uma das quatro espécies de ato proporciona o fio condutor para a descoberta das condições universais da ação comunicativa; essas condições são as pretensões de validade *tematizadas* em cada espécie de ato. Nos atos de fala comunicativos, a pretensão de validade tematizada é a de *inteligibilidade*: o falante deve falar de maneira inteligível, de modo que os interlocutores se entendam, sendo essa uma condição para o êxito da comunicação em geral. Assim sendo, a pretensão de inteligibilidade evidencia-se como um pressuposto para as demais pretensões, encontrando-se em um nível subjacente. Restam, então, três outras pretensões de validade universais:

(a) Pretensão de *verdade:* nos atos de fala constatativos, o falante deve pretender a verdade para o que é dito, sendo essa a pretensão explicitada ou tematizada. (Ao asserir eu pretendo dizer algo que seja verdadeiro ou falso.)

(b) Pretensão de *correção:* nos atos de fala regulativos, o falante deve pretender correção para as normas (ou valores) que justificam uma relação interpessoal performativa no contexto dado. Nesse caso a correção normativa do ato é que está essencialmente em questão. (Se faço um pedido, dou uma ordem, minha pretensão é a de estar resguardado em meu proferimento por direitos e normas sociais.)

(c) Pretensão de *veracidade:* nos atos de fala representativos ou expressivos, é a pretensão de veracidade ou sinceridade que o falante tematiza, de modo a fazer com que o ouvinte acredite, confie nele. (Ao lamentar a ocorrência de algo, posso estar expondo um sentimento que me vai na alma, mas posso também estar sendo insincero.)

É importante perceber que todas essas pretensões de validade encontram-se geralmente presentes em cada espécie de ato de fala. Um ato de fala constatativo, por exemplo, não possui apenas pretensão de verdade: ao realizá-lo, o falante também deve pretender seguir normas de interação e, obviamente, ser sincero. Algo semelhante vale também para os atos regulativos e representativos. O que faz a diferença entre uma e outra espécie de ato não é, pois, a existência dessa ou daquela pretensão de validade, mas a pretensão de validade que é *tematizada*, ou seja, enfatizada, posta em relevo. E essa pretensão é a de verdade no ato de fala constatativo, de correção no regulativo e de veracidade no representativo.

Finalmente, há razões de fundo ontológico para se distinguir as pretensões de validade acima expostas. Para Habermas, elas derivam do lugar sistemático da linguagem: a linguagem é um *medium*, no qual os falantes se limitam contra quatro domínios da realidade: a *natureza externa* (tudo o que é perceptível), a *sociedade* (usuários da linguagem, instituições, valores...), a natureza interna (das vivências subjetivas) e a própria *linguagem* (que é uma região *sui generis*, na medida em que é um meio capaz de objetualizar-se a si mesmo). As pretensões de validade são as marcas dessas relações, como é mostrado no esquema abaixo:

Com a pretensão de inteligibilidade o indivíduo torna-se compreensível a outros através da linguagem. Satisfeito esse pressuposto, mediante as outras pretensões de validade também algumas oposições tradicionais em filosofia se colocam: com a pretensão de verdade o indivíduo relaciona-se pela linguagem com a natureza externa, o que permite opor o mundo público do ser (*Sein*) ao mundo privado da opinião ou aparência (*Schein*); com a pretensão de correção o indivíduo relaciona-se pela linguagem com o mundo social, permitindo a oposição entre regularidades empíricas observáveis, o ser (*Sein*), e normas vigentes a serem obedecidas, o dever ser (*Sollen*); e com a pretensão de veracidade ou sinceridade, o indivíduo se relaciona com sua natureza interna, suscitando a oposição entre a essência individualizada do sujeito (*Wesen*) e a maneira como ele se mostra aos outros (*Erscheinung*).

Como avaliar se uma pretensão de validade é legítima? Se uma asserção é realmente verdadeira, se uma ordem é realmente justificada? Para responder a essa questão, Habermas começa propondo que a linguagem não funciona somente da maneira normal, como *agir comunicativo*, como interação, mas também como uma forma de livre discussão, como *discurso* (*Diskurs*). Na interação comunicativa a legitimidade das pretensões de validade não é questionada; já o discurso é uma situação de diálogo em que é possível virtualizar as coerções práticas das ações comunicativas, sendo as pretensões de validade das mesmas então problematizadas, avaliadas em seus fundamentos, com vistas à obtenção de um acordo entre os usuários da linguagem. No discurso os falantes competentes se reúnem de modo a formar uma espécie de "corte de apelação", na qual se discute e se decide a fundamentação das pretensões de validade que foram erguidas na interação.

Consideremos, para esclarecer, um caso de pretensão de correção. Digamos que, em uma ação militar, um soldado, por razões de consciência, tenha se negado a cumprir uma ordem de um oficial, devendo ser punido por isso. Ordens são atos de fala regulativos com pretensão de justificar-se com base em normas de interação socialmente aceitas. Digamos que nesse caso específico surjam dúvidas sobre se as razões de consciência do soldado não seriam suficientes para anular a pretensão de correção normativa da ordem. Isso não pode ser avaliado nem pelo oficial, nem pelo soldado isoladamente, que não são partes isentas. Para tal, é necessário que se instaure o que Habermas chama de um *discurso prático*. Uma aproximação disso é obtida se o caso for levado a um tribunal militar, no qual os participantes tenham livre expressão e as razões dos sujeitos envolvidos na ação possam ser expostas e discutidas abertamente, de modo a se avaliar sem coerção nem pressões práticas a justificação da pretensão de validade normativa da ordem dada pelo oficial nas circunstâncias de seu proferimento.

Algo semelhante se passa, para Habermas, com a pretensão de verdade. Não é na ação comunicativa que a pretensão de verdade é resgatada, mas no discurso. Se alguém afirma: "A esfera aumentou de volume", há nesse dizer uma pretensão de verdade. Mas também pode ser que surjam dúvidas acerca da verdade dessa afirmação. Nesse caso deve se instaurar o que Habermas chama de *discurso teorético*, um livre diálogo com a finalidade de decidir se a pretensão de verdade erguida no proferimento era realmente fundada. Em tal diálogo pode-se questionar o falante sobre a comprovação que ele oferece para o que afirma e decidir consensualmente se ela é apropriada ou não. Ele pode então oferecer uma *explicação* dizendo, por exemplo, que a esfera se dilatou porque foi aquecida; sendo ela de metal e considerando que por certas leis físicas objetos de metal se dilatam ao serem aquecidos, isso comprova que ela se dilatou... Se tal explicação satisfizer os participantes do discurso, a pretensão de verdade de seu proferimento será considerada por eles como fundamentada. Para Habermas é a obtenção de um tal *consenso discursivo* que constitui o critério da verdade, e não algo como a correspondência com os fatos, capaz apenas de respaldar asserções. Daí que a sua teoria da verdade não é correspondencial, mas *consensual.*

Essa é, devemos notar, uma das teses mais questionáveis da construção teórica de Habermas. Se alguém diz "A esfera aumentou de volume", o que torna isso verdadeiro não parece ser a explicação causal do fenômeno, que recorre a leis sobre a dilatação dos corpos, mas, digamos, o simples fato de que a esfera aquecida não passou mais dentro do anel, o que evidencia a sua dilatação. É correto dizer que a verdade de qualquer frase asserida supõe um acordo consensual, real ou virtual, e que isso só é atestado em uma situação de discurso — mas tal consenso parece ele próprio ser possibilitado apenas pela permanência e objetividade dos fatos.

Voltando à teoria de Habermas, a sugestão de que as pretensões de validade são fundamentadas no discurso faz surgir a seguinte questão: o que permite que no discurso possamos decidir a autenticidade das pretensões de validade erguidas? Em outras palavras: o que garante que o consenso obtido em um discurso é um consenso correto, verdadeiro? Habermas responde ser uma necessidade estrutural do agir comunicativo a de que no discurso seja sempre suposta — ainda que na prática não se consiga ir além de grosseiras aproximações — o que ele chama de *situação ideal de fala.* A situação ideal de fala é uma situação dialógica onde *inexiste coerção*; ela se caracteriza pela *possibilidade simétrica de todos os participantes do discurso escolherem e exercerem atos de fala comunicativos, constatativos, regulativos e representativos.* Trata-se de uma situação na qual se faça valer, no dizer de Habermas, a coação sem coerção do melhor argumento. É essa situação ideal de fala o que garante ao discurso o seu papel legitimador das pretensões de validade.

Vimos que a legitimidade das pretensões de validade dos proferimentos constatativos e regulativos se deixa resgatar no discurso. O mesmo não ocorre, porém, com as outras pretensões de validade. A pretensão de inteligibilidade não se deixa resgatar discursivamente, uma vez que ela já se encontra pressuposta onde quer que haja discurso. Finalmente, a pretensão de veracidade também não se deixa resgatar em uma situação de livre diálogo, visto que ainda aqui os participantes podem não ser sinceros nem para os outros nem para si mesmos. A pretensão de veracidade só se deixa resgatar no curso das ações do falante, no qual podemos avaliar a coerência entre o que ele diz e o que faz. É por essa coerência que se valida, por exemplo, a sinceridade dos proferimentos de um homem público.

Concluindo podemos considerar que tanto a teoria dos atos de fala quanto a pragmática universal têm a importância de evidenciar claramente a extensão da dimensão interativa ou performativa da linguagem. A linguagem não se constitui somente de asserções capazes de ser verdadeiras ou falsas; ela serve não somente para dizer algo acerca da realidade física e social, mas também, por meio de normas de interação lingüística, para transformá-la. Não obstante, esse ponto não precisa ser hiperenfatizado: o problema do conhecimento e o problema ontológico a ele ligado são historicamente centrais em filosofia, e há razões para se acreditar que não se pode evitar aproximá-los através de uma investigação daquilo que Aristóteles chamou de *logos apofântico*: do *modus* assertórico e das questões ligadas à verdade e à falsidade, as quais demandam mais do que uma análise estritamente pragmática.

Leituras recomendadas

A maioria dos textos que introduzem e discutem as teorias expostas no presente livro só se encontram disponíveis em inglês, tornando a leitura nessa língua indispensável a um aprendizado mais aprofundado. No que se segue, apresento uma lista de obras clássicas junto a algumas dicas de trabalhos introdutórios e comentários que podem ser de utilidade.

Uma boa introdução sistemática à filosofia da linguagem é P.W. Alston: *Filosofia da linguagem* (Rio de Janeiro, Zahar, 1977). Introduções mais atuais e aprofundadas são as de W.G. Lycan: *Philosophy of Language* (Londres, Routledge, 2000), e M. Luntley: *Contemporary Philosophy of Thought* (Oxford, Blackwell, 1999). O artigo de G. Frege "Sobre o sentido e a referência" ("Über Sinn und Bedeutung") encontra-se em G. Frege: *Lógica e filosofia da linguagem* (São Paulo, Cultrix/Edusp, 1978).

A melhor introdução a Russell é o seu livro intitulado *The Problems of Philosophy* (Oxford, Oxford UP, 1980). A exposição clássica da teoria das descrições encontra-se no artigo de Russell intitulado "Sobre denotação" ("On Denoting") (col. Os Pensadores, vol. XLII. São Paulo, Abril, 1974). A crítica de Strawson se encontra em "Sobre referir" ("On Referring") (col. Os Pensadores, vol. LII. São Paulo, Abril,

1975). O livro de T.M. Simpson: *Linguagem, realidade e significado* (São Paulo, Francisco Alves/USP, 1976), contém uma boa exposição das teorias da linguagem de Frege e Russell.

Uma cuidadosa tradução da obra de Ludwig Wittgenstein, o *Tractatus logico-philosophicus*, foi a publicada pela Edusp (São Paulo, 1994). As *Investigações filosóficas* foram traduzidas na coleção Os Pensadores (São Paulo, Abril, 1975, vol. XLVI). Uma pequena introdução esplendidamente escrita é *Wittgenstein's Concept of Philosophy*, de K. Fann (Oxford, Blackwell, 1969), a qual devo o esquema acerca da linguagem como espelho do mundo no atomismo lógico. A melhor introdução à filosofia de Wittgenstein como um todo continua sendo A. Kenny: *Wittgenstein* (Cambridge, Harvard UP, 1973). Minha reconstrução da concepção do significado no último Wittgenstein encontra-se resumida em C.F. Costa: *A linguagem factual* (Rio de Janeiro, Tempo Brasileiro, 1995).

O texto clássico de J.L. Austin, *How to do Things with Words*, encontra-se bem traduzido sob o título de *Quando dizer é fazer* (Porto Alegre, Artes Médicas, 1990). O texto central de Jürgen Habermas sobre a pragmática universal não foi traduzido e se chama "Was heisst Universalpragmatik?" (em K.O. Apel (org.): *Sprachpragmatik und Philosophie*, Frankfurt 1976).

Sobre o autor

Professor do mestrado de filosofia da Universidade Federal do Rio Grande do Norte (UFRN), Natal, Claudio F. Costa doutorou-se em Konstanz, Alemanha, tendo realizado estudos pós-doutorais na Hochschule für Philosophie, em Munique, e na Universidade da Califórnia, em Berkeley. Seus principais livros publicados são *A linguagem factual* (Tempo Brasileiro), *Estudos filosóficos* (Tempo Brasileiro) e *Uma introdução contemporânea à filosofia* (Martins Fontes).

Coleção **PASSO-A-PASSO**

Volumes recentes:

Ciências Sociais Passo-a-Passo

O negócio do social [40], Joana Angélica Barbosa Garcia

Origens da linguagem [41], Bruna Franchetto e Yonne Leite

Antropologia da criança [57], Clarice Cohn

Patrimônio histórico e cultural [66], Pedro Paulo Funari e Sandra de Cássia Araújo Pelegrini

Antropologia e imagem [68], Andréa Barbosa e Edgar T. da Cunha

Antropologia da política [79], Karina Kuschnir

Sociabilidade urbana [80], Heitor Frúgoli Jr.

Pesquisando em arquivos [82], Celso Castro

Cinema, televisão e história [86], Mônica Almeida Kornis

Filosofia Passo-a-Passo

Estética [63], Kathrin H. Rosenfield

Filosofia da natureza [67], Márcia Gonçalves

Hume [69], Leonardo S. Porto

Hannah Arendt [73], Adriano Correia

Schelling [74], Leonardo Alves Vieira

Niilismo [77], Rossano Pecoraro

Kierkegaard [78], Jorge Miranda de Almeida e Alvaro L.M. Valls

Filosofia da biologia [81], Karla Chediak

Ontologia [83], Susana de Castro

John Stuart Mill & a liberdade [84], Mauro Cardoso Simões

Filosofia da história [88], Rossano Pecoraro

Teoria do conhecimento [91], Alberto Oliva

Psicanálise Passo-a-Passo

Psicanálise com crianças [75], Teresinha Costa

Feminino/masculino [76], Maria Cristina Poli

Cinema, imagem e psicanálise [85], Tania Rivera

Trauma [87], Ana Maria Rudge

Édipo [89], Teresinha Costa

A psicose [90], Andréa M.C. Guerra

A angústia [92], Sonia Leite

Educação e psicanálise [93], Rinaldo Voltolini

Os outros em Lacan [94], Antonio Quinet

A paixão [95], Marcus André Vieira

Histeria: o caso Dora [96], Nadiá Paulo Ferreira e Marcus Alexandre Motta